mine**d**ition
verlegt in der Michael Neugebauer Edition GmbH, Bargteheide

Text Copyright © 2015 by Jane Goodall
Deutsche Übersetzung in Zusammenarbeit mit dem
Jane Goodall Institut, Austria
Illustrationen Copyright © 2015 Feeroozeh Golmohammadi
Gesetzt wurde in der Papyrus
Koproduktion mit Michael Neugebauer Publishing Ltd. Hong Kong
2. Auflage 2017

ISBN 978-3-86566-272-9

Bibliografische Information der Deutschen Bibliothek
Die Deutsche Bibliothek verzeichnet diese Publikation in der
Deutschen Nationalbibliografie; detaillierte bibliografische
Daten sind im Internet über
http://dnb.ddb.de abrufbar.

Mehr Information über unsere Bücher finden Sie unter: www.minedition.com

Jane Goodall

Wir beten
vor allem
für weltweiten Frieden

Bilder von
Feeroozeh Golmohammadi

minedition

Wir beten
zur Großen geistigen Macht,
in welcher wir leben
und uns bewegen
und in der unser „Sein" ruht.

Wir beten,
dass unser Geist stets für neue
Ideen offen sei
und dass wir Dogmen meiden;

dass wir mehr und mehr von
geistiger Großzügigkeit erfüllt
werden und von wahrem Mitgefühl
und von Liebe zu allem Leben;

dass wir bestrebt sind, die Wunden,
die wir der Natur zugefügt haben

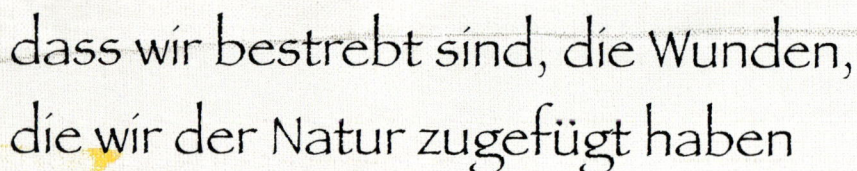

zu heilen und unsere Gier nach
materiellen Dingen zähmen, weil wir
wissen, dass das was wir tun die
Natur und die Zukunft unserer
Kinder gefährdet;

dass wir jedes menschliche Wesen,
so wie es ist, wertschätzen, einge-
denk der geistigen Kraft, die ihm
innewohnt. Und weil wir wissen, dass
die Kraft eines jeden Individuums
die Welt verändern kann.

Wir beten für die Kinder,
die hungern, die zur Unterstands-
losigkeit, zu Sklavenarbeit und
Prostitution verdammt sind, und
besonders für jene, die gezwungen
werden, zu töten und zu foltern –
selbst Mitglieder ihrer
eigenen Familie.

Wir beten
für die Opfer von Gewalt und
Krieg und für jene, die körperlich
und seelisch verwundet sind.

Wir beten
für die vielen Flüchtlinge,
die wegen des Kriegs oder der
totalen Zerstörung ihrer Umwelt
aus ihrer Heimat getrieben
wurden.

Wir beten
für die leidenden Tiere überall,
für ein Ende des Schmerzes,
der durch Tierversuche,
durch intensive Landwirtschaft,
Pelztierhaltung,
willkürliches Erschießen,
Abrichten für Unterhaltungszwecke,
missbräuchliche Haltung
als Maskottchen und alle
anderen Formen der Ausbeutung
verursacht wird.

Wir beten aber auch für das Ende
jeder Art von Ausbeutung
von Lasttieren,
das Ende der Stierkämpfe,
Hetzjagden,
Hunde- und Hahnenkämpfe
und vieles mehr.

Wir beten für ein Ende der Grausamkeit gegen Mensch und Tier und alle

anderen Formen von Agressionen und Misshandlungen.

Wir beten
um die Erkenntnis, dass
Friede durch Vergebung
und durch die Kraft
unserer Liebe kommt;

dass wir nichts im Leben als
selbstverständlich erachten;

dass wir lernen mögen,
mit unserem Herzen zu verstehen;

dass wir wertschätzen und uns
unseres Daseins freuen können.
Wir beten um all dies in Demut.

Wir beten
dass die Hoffnung und der Glaube
in uns wachsen, und dass der
menschliche Geist schließlich ob-
siegen wird.

Wir beten
wegen unserer Liebe zur Schöpfung
und wegen unseres Vertrauens in
die Große geistige Macht;

Vor allem beten wir
für weltweiten Frieden.

Jane Goodall, Botschafterin für Mensch, Tier und Umwelt

"To be with Jane Goodall is like walking with Mahatma Ghandi"
(BOSTON GLOBE, 2002)

Eine Begegnung mit Jane Goodall zählt sicherlich zu den bewegendsten Momenten. Ihre tiefe Spiritualität, Glaubensfähigkeit, Kraft, ihr herzlicher Humor und ihr bescheidenes Wesen begeistern jeden, der ihr begegnet und zuhört. Es gibt kaum einen friedlicheren, energiereicheren und gleichzeitig zielstrebigeren Menschen.

1960 machte sich die Britin als junge Frau nach Afrika auf, um freilebende Schimpansen zu beobachten und löste durch ihre Erkenntnisse eine ethische Revolution innerhalb so mancher Wissenschaftsdisziplinen aus. Seit nunmehr 55 Jahren ist die weltberühmte Forscherin ein Vorbild für einen respekt- und liebevollen Umgang mit Menschen, Tieren und der Natur.

Dr. Goodall wurde im Jahr 2002 durch den damaligen UN Generalsekretär Kofi Annan zur UN Friedensbotschafterin ernannt. 2007 bestellte der amtierende Generalsekretär Ban Ki-moon sie erneut zu diesem Amt, welches sie aufgrund ihres Engagements und ihrer Arbeit mit jungen Menschen übertragen bekam.

Jane Goodalls Roots & Shoots, ein globales Umwelt- und humanitäres Kinder- und Jugendprogramm, basiert auf dem Lernprozess, in Frieden und Harmonie miteinander und mit der Natur zu leben. Unabhängig von Herkunft, Nationalität, Kultur und Religion. Durch die Annahme ihrer Ernennung als UN Friedensbotschafterin gelobte sie, ihre Botschaft weltweit zu vermitteln. „Um Weltfrieden zu erreichen, müssen wir nicht nur aufhören einander zu bekämpfen, sondern

auch der Zerstörung der Natur ein Ende setzen. Wir müssen lernen, dass wahrer Friede auf Respekt, Verständnis und Liebe beruht. Dieser Friede erlaubt es uns, auf eine gerechte und nachhaltigere Zukunft zuzusteuern. Erinnern wir uns daran, dass wir lernen müssen, mit der Natur in Einklang zu leben, wenn wir dem wahren Versprechen der ‚Friedensbildung' nachkommen möchten", ist Jane Goodall zutiefst überzeugt. Heute verbringt sie daher nur noch wenige Wochen in Afrika. Stattdessen hält sie Vorträge und ruft zu Engagement auf.

DAS JANE GOODALL INSTITUT

„Nur wenn wir verstehen,
werden wir uns kümmern.
Nur wenn wir uns kümmern,
werden wir helfen.
Nur wenn wir helfen,
werden wir das Leben retten."

Im Jahr 1977 wurde das erste Jane Goodall Institut (JGI) als
Non-Profit-Organisation in Kalifornien gegründet. Heute gibt es
Niederlassungen in 28 Ländern.
Neben der Erforschung freilebender Schimpansen ist das oberste
Ziel der Schutz dieser Menschenaffen durch ganzheitlichen
Artenschutz.
Das JGI konzentriert sich auf jene Bereiche, die für den
Rückgang der vom Aussterben bedrohten Primaten und die
Zerstörung ihres Lebensraums verantwortlich sind.
Die Basis der Arbeit ist die Förderung des respektvollen,
nachhaltigen Umgangs mit Menschen, Tieren und der Natur.
Im Sinne des ganzheitlichen Ansatzes steht die Zusammenarbeit
mit der lokalen Bevölkerung im Mittelpunkt. Soziale und
wirtschaftliche Aspekte werden ebenso berücksichtigt wie Nach-
haltigkeit und Hilfe zur Selbsthilfe.

Der Kampf um natürliche Ressourcen, die Gier und der maßlose
Lebensstil vieler Menschen führen zu Krieg und Zerstörung der
Natur. Mahatma Gandhi meinte einst: „Die Welt hat genug für
jedermanns Bedürfnisse, aber nicht für jedermanns Gier."
Denn haben die Menschen keine Perspektiven für ein selbst-
ständiges Leben in Frieden, sind all unsere Bemühungen, unsere
Umwelt zu schützen, zwecklos.
Eines der wichtigsten JGI Programme ist TACARE (TAKE CARE),
welches 1994 in 12 Dörfern rund um den Gombe Stream National-
park gestartet wurde. Gemeinsam mit der Bevölkerung wurden
Projekte entwickelt, die ihre Lebenslage verbesserten. Dieses Pro-
gramm stellt heute die Grundlage für die Arbeit von JGI nicht
nur in Tansania, sondern auch in Uganda, der Demokratischen
Republik Kongo, der Republik Kongo, in Senegal, Kenia und
weiteren Ländern dar.
Naturschutz kann langfristig nur gelingen, wenn die Menschen
mit ihrer Umwelt in Einklang und Frieden leben. „Das Recht auf
Frieden" sollte kein Slogan bleiben, sondern die Grundlage für
ein zukünftiges Miteinander aller Menschen in Frieden.

Jane Goodall PhD, DBE
Gründerin des Jane Goodalll Instituts
& UN Friedensbotschafterin

ROOTS & SHOOTS

„Jeder von uns spielt eine entscheidende Rolle für unser Leben.
Jeder kleine Schritt zählt.
Zusammen können wir viel bewegen.‟

Jane Goodall

Jane Goodall gründete „Roots & Shoots" 1991 zusammen mit
einer Gruppe tansanischer Studenten. Was einst als Idee von
zwölf Jugendlichen geboren wurde, ist heute ein Umwelt- und
humanitäres Jugendprogramm in mehr als 135 Ländern.
Es ist eine global vernetzte Initiative des JGI mit dem Ziel,
Jugendliche zu motivieren, mehr über die Herausforderungen
in ihren Gemeinden, ihrem Lebensalltag und in ihrer konkreten
Umwelt in Erfahrung zu bringen und etwas zum Positiven zu
verändern.
Jede Gruppe engagiert sich mit eigenen Projekten, um in ihrer
Umgebung etwas zum Positiven zu verändern. Die Aktionen
können im Sozialbereich, aber auch im Tier- und Umweltschutz-
bereich gesetzt werden.
Roots & Shoots heißt übersetzt Wurzeln & Sprösslinge. Der Name
ist symbolisch. Wurzeln und Sprösslinge können Steine und
Mauern durchbrechen, haben enorm viel Kraft. So wie Wurzeln
und Sprösslinge erscheinen auch Kinder oft fragil und klein,
doch sie können enorme Kräfte entwickeln und vieles schaffen!

Bei R&S geht es um Hoffnung und Frieden. Jährlich feiern
tausende Kinder weltweit am 21. September den UN Friedenstag.
Aber nicht nur an diesem Tag, sondern täglich engagieren sie
sich für eine bessere Welt.
Jane Goodall sieht die größte Gefahr für unseren Planeten darin,
dass wir die Hoffnung verlieren. Sie setzt all ihre Hoffnung in die
enorme Energie junger Menschen. „Wenn wir das Licht nicht
sehen, sehen es die Kinder. Das liegt in ihrer Natur."

Weitere Informationen über Roots & Shoots:
www.rootsandshoots.org,
www.janegoodall.at/roots-shoots/das-kinder-und-jugendprogramm/

Das JGI benötigt das Engagement jedes Einzelnen!
Weitere Informationen über Jane Goodall Institute:
www.janegoodall.org , www.janegoodall.at,
www.janegoodall.ch sowie www.janegoodall.de

Feeroozeh Golmohammadi

gehört zu den wenigen iranischen KünstlerInnen,
die die alten Techniken der iranischen Miniaturmaler
wieder belebt haben. Ihr gründliches Studium der
Arbeiten dieser erstaunlichen Künstler macht es ihr
möglich, der Welt einen wenig bekannten Aspekt der
orientalischen Kunst bekannt zu machen.

Ihre Illustrationen voller dekorativer Elemente,
kombiniert mit menschlichen und tierischen Formen
schaffen eine rätselhafte Aura, die die Gestalten von
„Tausendundeine Nacht" in Erinnerung ruft. Nach
einem Studium der Innenarchitektur am Teheraner
Polytechnikum widmete sich Golmohammadi im
Lauf einer dreißigjährigen Karriere der raffinierten
Anwendung verschiedener künstlerischer Techniken.
Ihre Arbeiten erzielten weit reichende kritische
Aufmerksamkeit auf verschiedenen Biennalen und
Kinderbuch-Ausstellungen auf der ganzen Welt –
vor allem die innovative Anwendung orientalischer
Motive. Im Lauf ihrer künstlerischen Karriere gewann
Golohammadi bei internationalen Ausstellungen
zahlreiche Preise.

Ihre internationale Bekanntheit wuchs mit der Zuerkennung des prestigeträchtigen Ezra Jack Keats International Award.

Golohammadis Begabung zeigte sich bereits in frühen Jahren. Sie drängte auf eine künstlerische Ausbildung, und dieses Interesse gipfelte in einem Innenarchitektur-Studium und in der künstlerischen Arbeit für Kinderzeitschriften und Fernsehprogramme. Als sie sich der Illustration von Kinderbüchern zuwandte, gewann ihr erstes Buch einen Preis und sie wusste, dass dies der Weg für sie sein würde.

Als sie mit den Techniken der iranischen Miniaturmaler anfing, waren Golomohammadis Techniken von vielen verschiedenen Kunstrichtungen geprägt, was zu einer künstlerischen Arbeit führte, die auch außerhalb ihres Landes starkes Interesse auslöste.

Die französische Kunstkritikerin Janine Despinette drückte es so aus: Feeroozehs Illustrationen entstünden in einer Atmosphäre weit abseits des Alltags und erschienen zugleich ganz modern. Daher sei sie weder eine traditionelle Künstlern noch eine moderne Illustratorin. Ihr Werk sei einzigartig.

Golohammadi lebt mit ihrer Familie in Teheran. Sie unterrichtet Kunstklassen sowohl für Kinder als auch Erwachsene. Sie sagt: „Krieg, Blutvergießen, Ungerechtigkeit und Grausamkeit brechen mir das Herz." Sie träumt von einer Welt voll von Frieden, aus der alle unsere schmerzhaften Grenzen verschwinden, so dass wir erkennen: Wir sind alle ein Volk. Sie glaubt, dass, wenn wir alle für das Kommen dieses Friedens beten, dieser Traum eines Tages verwirklicht werden kann.